Brigitte Casagranda

Collages de serviettes en papier

Le Temps Apprivoisé
18, rue de Condé
75006 Paris

Conception graphique cora.M
Cora Martineau • Laudonie • 24390 • Tourtoirac

Photographies : Marianne Hufschmitt

Photogravure : Leyre
Imprimé en Italie par Canale

Dépôt légal : août 2002
ISBN : 2-283-58518-X

À Marie, Sophie et Baptiste

Un grand merci à mes parents
pour leur aide précieuse !

Sommaire

Introduction

FOURNITURES GÉNÉRALES

Serviettes en papier à motifs variés
Pot de vernis-colle pour serviette
Pot de vernis-colle spécial tissu
Pot de vernis à craquelures
Paire de ciseaux
Peinture acrylique
Vernis à gouache
Vernis à bois
Vernis acrylique
Pinceaux souples
Brosse
Pinceau à vernis
Pot de neige structurée
Pot de colle pailletée
Éponge

LES SUPPORTS

Vous trouverez dans les magasins de travaux manuels, les grandes surfaces, par correspondance ou dans les jardineries, un grand choix de supports à décorer.

Les supports en bois

Plateaux, paniers, nichoirs, boîtes, outils de jardin, cintres, miroirs, cadres, coquetiers, ronds de serviette, corbeilles, cache-pots, brosses, etc.

Conseil : Vous pouvez coller directement le motif sur votre support en bois, comme pour le nichoir, les manches des outils de jardin ou le cintre. Vous pouvez également lazurer le support à la brosse, ou bien utiliser de la peinture acrylique plus couvrante, en une ou deux couches, tamponnée avec une éponge légèrement humide. Il vous est possible de craqueler le fond du support à l'aide d'un vernis à craquelures.

Les supports en carton

Vous trouverez ces supports dans les magasins de travaux manuels, par correspondance, dans les grands magasins de décoration pour la maison : range-magazines, boîtes rondes, ovales, en forme de cœur, plumiers, dessous-de-verre, petites valises, etc.

Conseil : Le motif découpé ressortira mieux si vous avez pris soin de recouvrir le support d'une couche de peinture claire.

Les supports en terre

Vous pourrez trouver en jardinerie un grand choix de pots : pots en terre, cache-pots, jardinières, etc.

Les supports en verre

Vous trouverez de jolis récipients en verre en grande surface, en droguerie, ou dans les magasins de vaisselle et décoration de la maison : pots de confiture, verres, carafes, bocaux, etc.

Conseil : Nettoyez bien les supports en verre avec de l'alcool afin de retirer toute trace grasse.

Les supports en papier

Carnets à dessins, cartes, papier à lettres, etc.

Conseil : Une fois le motif collé bien sec, vous pouvez repasser les cartes sur l'envers, en réglant votre fer sur « vapeur », puis placez-les sous un gros livre, elles resteront bien plates.

Les supports en paille

Sets de table, sacs, etc.

Les supports en bambou

Range-couverts, etc.

Les supports en zinc

Les jardineries proposent une large gamme de produits en zinc ainsi que les grands magasins se rapportant à la décoration de la maison : arrosoirs, cache-pots, corbeilles, etc.

Conseil : Nettoyez bien vos supports avec de l'alcool.

Les supports en plastique

Vous les trouverez dans les magasins de travaux manuels : boules, cœurs, étoiles, etc.

Les supports en bougie

Les grandes surfaces proposent une large gamme de bougies toute l'année : bougies cubiques, cylindriques, etc.

Les supports en coton

Vous pouvez trouver de nombreux supports en coton dans les grandes surfaces ou dans les magasins de travaux manuels : serviettes, tissus, maniques...

Conseil : Les textiles décorés avec des motifs de serviettes pourront être lavés à 30 °C avec une lessive pour textiles délicats.

Les supports en liège

Vous les trouverez en grande surface ou dans les magasins de décoration pour la maison : sets de table, dessous-de-verre, bouchons de bocal, etc.

Conseil : Pour un plus joli effet, pensez à recouvrir le support de liège avec de la peinture acrylique claire afin d'éviter que le motif devienne terne.

Les supports en polystyrène

Vous pourrez trouver de nombreux supports de toutes les formes en polystyrène dans les magasins de travaux manuels : œufs, boules rondes, ovales, cloches, étoiles, boîtes...

Conseil : Vous pouvez recouvrir toute la surface de votre œuf avec des petits morceaux de papier de soie ou bien le peindre à la peinture acrylique avant de coller le motif découpé.

TECHNIQUE DU MOTIF DÉCOUPÉ

Tenez en main la serviette, et, avec des ciseaux, découpez le motif choisi le plus près possible de son contour.

Retirez doucement les différentes épaisseurs constituant la serviette, en ne gardant que la pellicule sur laquelle le motif est imprimé, c'est-à-dire la couche supérieure.

Posez le motif à coller sur son support.

Trempez votre pinceau souple dans le vernis-colle.

Appliquez la colle du centre du motif vers les bords extérieurs sans déformer le motif.

Lissez bien afin d'éviter toute formation de pli ou de bulle d'air.

Passez une seconde couche de vernis-colle sur tout le motif en l'étalant régulièrement. Laissez sécher.

TECHNIQUE DU MOTIF DÉCHIRÉ

Tenez en main la serviette, déchirez doucement toutes les épaisseurs de la serviette de façon irrégulière, en suivant cependant les contours et en laissant cette fois une petite marge de 1/2 cm tout autour du motif que vous avez choisi.

Séparez délicatement les différentes épaisseurs formant la serviette en gardant seulement la pellicule sur laquelle le motif est imprimé. Positionnez le motif déchiré sur votre support. Trempez le pinceau souple dans le vernis-colle.

Appliquez la colle en partant toujours du centre du motif vers les bords extérieurs.

Lissez au doigt en faisant bien attention à éviter la formation d'une bulle d'air ou d'un pli. Procédez ainsi pour toute la décoration du support.

Passez une seconde couche de vernis-colle sur tous les motifs en l'étalant régulièrement.

Laissez sécher.

Conseil : Vous pouvez nettoyer avec de l'eau les pinceaux ayant servi au vernis-colle.

VERNISSAGE

N'hésitez pas à passer deux ou trois couches de vernis à bois sur tous les supports en bois, en liège et en bambou. Vous devez attendre 24 heures entre chaque couche.

Si vous utilisez un vernis à gouache, passez toujours deux ou trois couches de vernis. Il s'agit là d'un vernis séchant très rapidement ; il suffira d'attendre quelques heures entre chaque couche.

Conseil : Nettoyez bien les pinceaux à l'alcool, savonnez-les, rincez-les et laissez-les sécher.

Les pinceaux ayant servi au vernis-colle et à la peinture acrylique sont nettoyés avec de l'eau savonneuse, puis rincés.

Automne

PLATEAU
motifs champignons

Fournitures

- **Plateau en bois**
- **Serviette à motifs champignons**
- **Pot de vernis-colle**
- **Paire de ciseaux**
- **Pinceau souple**
- **Peinture acrylique blanche, beige et orange**
- **Brosse**
- **Vernis à bois et pinceau à vernis**

Réalisation

Passez une sous-couche de peinture acrylique blanche à l'aide de la brosse. Laissez sécher.

Avec l'éponge chargée de peinture beige, tamponnez le fond du plateau irrégulièrement.

Laissez sécher.

À l'aide de l'éponge ou de la brosse, soulignez la bordure du plateau avec de la peinture acrylique orange.

Découpez soigneusement les motifs.

Enlevez très délicatement les différentes épaisseurs de la serviette, en ne conservant que la pellicule supérieure sur laquelle le motif est imprimé.

Appliquez les motifs un à un sur le fond du plateau.

Trempez votre pinceau dans le vernis-colle, collez le champignon en partant du centre du motif vers les bords extérieurs. Lissez au doigt afin de retirer toute trace de pli ou de bulle d'air.

Ajoutez quelques feuilles, glands et châtaignes, sur le bord du plateau.

Repassez une seconde couche de vernis-colle régulièrement sur chaque motif. Laissez sécher.

Passez une couche de vernis à bois sur toute la surface intérieure et extérieure du plateau.

Laissez sécher.

Passez une deuxième couche de vernis, puis une troisième afin de bien protéger votre plateau ; vous pourrez ainsi le nettoyer avec une éponge légèrement humide.

PANIER DE VENDANGE
motifs fruits rouges

Fournitures

- **Panier de vendange**
- **Serviette à motifs fruits rouges**
- **Pot de vernis-colle**
- **Paire de ciseaux**
- **Pinceau souple**
- **Vernis à bois**
- **Pinceau à vernis**

Réalisation

Passez une couche de peinture acrylique beige largement diluée sur toute la surface du panier afin d'obtenir une lazure. Recouvrez l'anse du panier. Laissez sécher.

Découpez soigneusement les fruits le plus près possible de leurs contours.

Enlevez délicatement les différentes pellicules de la serviette en ne gardant que la couche supérieure de celle-ci.

Posez le fruit sur le fond du panier.

Appliquez délicatement le vernis-colle du centre du motif vers le bord extérieur.

Décorez ainsi tout le fond du panier, les bords intérieurs, puis les bords extérieurs.

Appliquez de nouveau une couche de vernis-colle. Laissez sécher.

Appliquez deux ou trois couches de vernis à bois pour une meilleure protection.

BOÎTE OCTOGONALE

motif faisan

Fournitures

- **Boîte octogonale cartonnée**
- **Serviette à motif faisan**
- **Pot de vernis-colle**
- **Pinceau souple**
- **Peinture acrylique blanche et beige**
- **Pot de vernis à craquelures**

Réalisation

Recouvrez toute la boîte de peinture acrylique couvrante blanche. Laissez sécher.

Passez le vernis à craquelures sur toute la boîte. Laissez sécher 20 minutes.

Passez uniformément et rapidement la peinture beige, toujours dans le même sens.

Les craquelures apparaîtront pendant tout le temps de séchage. Laissez sécher.

Déchirez le motif du faisan sur tout son pourtour de façon irrégulière.

Enlevez délicatement la couche supérieure de la serviette.

Posez le motif du faisan sur le couvercle.

Appliquez au pinceau souple un peu de vernis-colle du centre du motif vers les bords extérieurs.

Lissez au doigt.

Repassez une seconde couche de vernis-colle.

Déchirez dans le reste de la serviette une partie de la touffe d'herbe. Gardez la pellicule supérieure de la serviette.

Posez la touffe d'herbe sur un côté de la boîte.

Appliquez un peu de vernis-colle du centre du motif vers les bords extérieurs. Laissez sécher.

BOUGIE CUBIQUE

motifs champignons

Fournitures

- **Bougie cubique**
- **Serviettes à motifs champignons**
- **Paire de ciseaux**
- **Pot de vernis-colle**
- **Pinceau souple**
- **Pot de neige structurée**

Réalisation

Découpez soigneusement le motif choisi.

Séparez-le des différentes couches formant la serviette et appliquez-le.

Posez-le sur la bougie.

Déposez un peu de vernis-colle sur le pinceau ; étendez-le du centre du motif vers les bords extérieurs.

Laissez sécher.

Passez une seconde couche de vernis-colle. Laissez sécher.

CARTES D'INVITATION
motifs champignons, canard

Vous trouverez un grand choix de cartes dans les librairies et papeteries, ainsi que dans certains magasins de travaux manuels.

Fournitures

- **Cartes carrées évidées**
- **Cartes rectangulaires évidées**
- **Cartes rectangulaires**
- **Nombreuses serviettes, de préférence à petits motifs**
- **Paire de ciseaux**
- **Pot de vernis-colle**
- **Pinceau souple**

Réalisation

Découpez soigneusement le motif choisi.

Retirez les différentes épaisseurs et ne gardez que la pellicule imprimée.

Posez le motif sur la carte.

Appliquez un peu de vernis-colle du centre du motif vers les bords extérieurs.

Laissez sécher.

Conseil

Une fois les cartes bien sèches, vous pouvez les repasser à fer chaud.

Protégez le motif d'une feuille de papier sulfurisé, puis placez les cartes immédiatement sous un gros livre pour éviter qu'elles gondolent.

Jardin

CARTES D'INVITATION
motifs lierre, cellier

Voir chapitre « Automne », réalisation des cartes, p. 13.

NICHOIR
motifs feuilles de lierre et châtaignes

Fournitures

- **Nichoir**
- **Serviette motifs feuilles de lierre et châtaignes**
- **Pot de vernis-colle**
- **Paire de ciseaux**
- **Pot de vernis à bois**
- **Pinceau pour vernis**

Réalisation

Découpez soigneusement les motifs des feuilles et des châtaignes. Posez le motif sur le nichoir.

Appliquez le vernis-colle du centre du motif vers le bord extérieur en évitant la formation d'une bulle d'air ou d'un pli. Lissez au doigt.

Recommencez ainsi sur tous les côtés et sur le toit du nichoir.

Repassez une seconde couche de vernis-colle et laissez sécher.

Passez deux ou trois couches de vernis à bois pour protéger votre nichoir des intempéries.

Conseil

Les supports décorés à l'aide de motifs découpés dans les serviettes restant fragiles, il est préférable de les placer à l'abri de l'humidité dans un endroit protégé des intempéries.

Kastanie
Le
Chataigne

CINTRE EN BOIS
motifs feuilles de lierre

Fournitures

- **Cintre en bois**
- **Serviette motifs feuilles de lierre**
- **Pot de vernis-colle**
- **Paire de ciseaux**
- **Pinceau souple**

Réalisation

Découpez délicatement de nombreuses feuilles.

Détachez les motifs des multiples pellicules formant la serviette.

Appliquez une feuille sur le cintre.

Collez-la à l'aide du vernis-colle que vous étalez bien du centre de la feuille vers les bords extérieurs.

Recommencez afin de décorer les deux côtés du cintre. Laissez sécher.

Repassez une seconde couche de vernis-colle. Laissez sécher.

OUTILS DE JARDIN
motifs feuilles de lierre

Fournitures

- **Outils de jardin**
- **Serviette à motifs feuilles de lierre**
- **Paire de ciseaux**
- **Pot de vernis-colle**
- **Pot de vernis à bois**
- **Pinceau pour vernis**

Réalisation

Découpez délicatement de nombreuses feuilles de lierre.

Détachez les pellicules de la serviette en n'en gardant que la pellicule supérieure.

Collez les feuilles une à une, déposez au

centre de la feuille un peu de vernis-colle, et étendez-le vers les bords extérieurs, en veillant à ce que les pointes de chaque feuille adhèrent au bois. Laissez sécher.

Passez une seconde couche de vernis-colle.

Laissez sécher.

Vernissez les manches ainsi décorés par deux ou trois couches de vernis à bois. Laissez sécher.

RANGE-COUVERTS
motifs cellier

Fournitures

- **Range-couverts en bouleau**
- **Serviette à motifs cellier**
- **Paire de ciseaux**
- **Pot de vernis-colle**
- **Pinceau souple**
- **Vernis à bois**
- **Pinceau à vernis**

Réalisation

Découpez le motif de la bordure en gardant bien le fond sur lequel les planches de bois sont dessinées ; elles recouvriront toute la bordure extérieure du range-couverts.

Découpez la partie supérieure sur laquelle les outils sont représentés.

Détachez les différentes épaisseurs de la serviette.

Appliquez le vernis-colle du centre du motif vers les bords extérieurs.

Travaillez ainsi une longueur et une largeur, puis laissez sécher.

Terminez par les deux autres côtés en lissant au doigt. Laissez sécher.

Passez deux ou trois couches de vernis à bois afin de protéger votre range-couverts de la poussière et de l'humidité.

Mer

ARROSOIR
motifs bord de mer

Fournitures
- **Arrosoir en zinc**
- **Serviette bord de mer à motifs phares, mouettes, poissons, etc.**
- **Pot de vernis-colle**
- **Pinceau souple**

Réalisation
Découpez tous les motifs, phares, mouettes, poissons et bateaux dans la serviette.

Découpez quelques vagues dans la frise de la serviette.

Détachez l'épaisseur supérieure de celle-ci.

Posez et collez des bateaux et des phares à quelques centimètres du bas de l'arrosoir.

Posez et collez les vagues, elles doivent à peine chevaucher les pieds des phares et les coques des bateaux. Ornez ainsi tout le bas de l'arrosoir.

Lissez au doigt l'ensemble. Laissez sécher.

Posez et collez les mouettes une à une sur tout le corps de l'arrosoir. Laissez sécher.

Vous pourrez appliquer une seconde couche de vernis-colle sur tous les motifs.

Conseil
Nettoyez toute la surface à décorer à l'aide d'alcool à brûler, afin de bien dégraisser le support, avant de coller les motifs.

POT BOULE
motifs coquillages

Fournitures
- **Pot boule**
- **Serviette à motifs coquillages**
- **Pot de vernis-colle**
- **Paire de ciseaux**
- **Vernis à gouache et pinceau à vernis**

Réalisation
Découpez très soigneusement les coquillages dans toute la serviette.

Retirez la pellicule imprimée des autres pellicules de la serviette.

Posez le motif sur le pot.

Appliquez un peu de vernis-colle à l'aide du pinceau souple au centre du motif et étalez-le vers les bords extérieurs. Laissez sécher.

Décorez ainsi tout le pourtour de votre pot.

Lissez au doigt.

Repassez une seconde couche de vernis-colle. Laissez sécher.

Conseil
Lorsque vous appliquerez le vernis-colle à l'aide du pinceau souple, dépassez légèrement et régulièrement du motif sur le pot.

Lorsque vous vernirez le pot à l'aide du vernis à gouache vous verrez ainsi apparaître une zone plus claire à l'endroit où le vernis-colle a été appliqué. Vous pouvez

ainsi obtenir différentes teintes naturelles intéressantes, claires ou foncées.

Laissez la bordure du pot telle quelle.

Passez une ou deux couches de vernis à gouache sur le pourtour du pot, vous verrez apparaître immédiatement les différentes zones.

POT BOULE
motifs poissons et bateau

Fournitures

- **Pot boule**
- **Serviette à motifs poissons et bateau**
- **Pot de vernis-colle**
- **Pinceau souple**
- **Paire de ciseaux**
- **Pot de vernis à gouache et pinceau à vernis**

Réalisation

Découpez dans toute l'épaisseur de la serviette les motifs de poissons et de bateau.

Séparez délicatement la couche imprimée de la serviette des autres pellicules.

Posez un poisson sur le pot.

Appliquez à l'aide du pinceau souple un peu de vernis-colle, du centre du poisson vers les bords extérieurs.

Lissez au doigt.

Collez un autre poisson en l'espaçant du premier de 1 cm.

Lissez au doigt afin de retirer toute bulle d'air ou tout pli.

Procédez ainsi pour toute la décoration du pot. Laissez sécher.

Conseil

Lorsque vous appliquerez la seconde couche de vernis-colle sur les poissons et le

bateau, étalez en dépassant irrégulièrement, avec votre pinceau chargé de vernis-colle, les bords des motifs sur la terre afin d'obtenir une zone plus claire tout autour de ceux-ci.

C'est en vernissant avec le vernis à gouache que vous apercevrez une zone plus claire. Vous pouvez ainsi « jouer » à créer différentes zones claires ou foncées directement sur la terre.

Ne vernissez pas la bordure du pot. Laissez la terre naturelle et mate.

DESSOUS-DE-VERRE
motifs mouettes et bateaux

Fournitures

- **Paquet de dessous-de-verre cartonnés**
- **Serviette à motifs de mouettes**
- **Serviette à motifs de bateaux**
- **Paire de ciseaux**
- **Pot de vernis-colle**
- **Pinceau souple**
- **Pot de vernis à gouache et pinceau à vernis**

Réalisation

Découpez soigneusement le motif choisi.

Détachez la couche supérieure imprimée de la serviette.

Posez le motif sur le dessous-de-verre.

Appliquez le vernis-colle au pinceau souple, du centre du motif vers les bords extérieurs.

Lissez au doigt.

Repassez une deuxième couche de vernis-colle. Laissez sécher.

Passez deux ou trois couches de vernis à gouache afin de bien protéger les dessous-de-verre de l'humidité.

Fleurs

BASSINE À DEUX ANSES
motifs feuilles de lierre et pensées

Fournitures
- **Bassine ronde**
- **Serviette à motifs feuilles de lierre**
- **Serviette à motifs pensées**
- **Paire de ciseaux**
- **Pot de vernis-colle**
- **Pinceau souple**

Réalisation
Découpez les motifs des feuilles de lierre dans toute l'épaisseur de la serviette.

Découpez les motifs des pensées dans toute l'épaisseur de la serviette.

Séparez délicatement les motifs des différentes couches formant la serviette.

Posez les pensées une à une.

Appliquez le vernis-colle du centre de la pensée vers les bords extérieurs.

Décorez ainsi tout le pourtour de la corbeille. Posez les feuilles de lierre et collez-les une par une. Terminez par les toutes petites pensées.

Laissez sécher.

Passez une seconde couche de vernis-colle sur chaque motif.

Conseil
Cette décoration étant fragile, il est conseillé de ne pas l'exposer aux intempéries. Préférez les jardins d'hiver, les vérandas ou l'intérieur de la maison.

CACHE-POT
motifs jacinthes

Fournitures
- **Cache-pot**
- **Serviette à motifs jacinthes**
- **Pot de vernis-colle**
- **Pinceau souple**

Réalisation
Découpez les motifs de jacinthes dans toute l'épaisseur de la serviette.

Séparez les différentes pellicules, en ne gardant que celle qui est imprimée.

Posez le motif choisi sur le cache-pot.

Appliquez un peu de vernis-colle du centre de la fleur vers les bords extérieurs.

Lissez au doigt, et appliquez le vernis-colle sur toute la tige et le bulbe.

Lissez au doigt.

Décorez ainsi tout le pourtour du cache-pot. Laissez sécher.

Passez une seconde couche de vernis-colle sur chaque motif.

Daffodils
Periwinkles

POT À MUGUET
motifs plantes de printemps jaunes

Fournitures

- **Pot à muguet**
- **Serviette à motifs plantes de printemps jaunes**
- **Pot de vernis-colle**
- **Peinture acrylique blanche**
- **Pinceau souple**
- **Éponge**

Réalisation

Avec l'éponge chargée de peinture acrylique blanche, tamponnez le pot en laissant une marge de terre en haut et en bas.

Vous pouvez également décorer le pourtour du pot. Laissez sécher.

Déchirez délicatement les motifs des fleurs jaunes. Posez le motif sur le pot.

Appliquez un peu de vernis-colle du centre du motif vers les bords extérieurs.

Lissez au doigt afin d'éliminer les plis ou bulles d'air.

Décorez ainsi tout le pourtour du pot. Laissez sécher.

POT À MUGUET
motifs fleurs de printemps mauves

Fournitures

- **Pot à muguet**
- **Serviette à motifs fleurs de printemps**
- **Pot de vernis-colle**
- **Peinture acrylique blanche**
- **Pinceau souple**
- **Éponge**

Réalisation

Déchirez les motifs de fleurs mauves de la serviette.

Retirez-les des différentes épaisseurs et ne gardez que la pellicule supérieure imprimée.

À l'aide de l'éponge chargée de peinture acrylique blanche, décorez en tamponnant tout le pourtour du pot à muguet ainsi que sa bordure. Laissez sécher. Posez le motif.

Appliquez un peu de vernis-colle sur la fleur mauve, étalez-le avec le pinceau souple du centre du motif vers les bords extérieurs. Laissez sécher.

SERVIETTES
motifs fleurs de printemps

Fournitures

- **Serviette de coton**
- **Serviette à motifs fleurs de printemps**
- **Pot de vernis-colle spécial tissu**
- **Crayon qui s'estompe**
- **Pinceau souple**
- **Papier sulfurisé**
- **Fer à repasser**

Réalisation

Lavez préalablement la serviette de coton afin de retirer l'apprêt.

Déchirez soigneusement chaque plante dans toute l'épaisseur de la serviette en papier.

Séparez les motifs des différentes épaisseurs de la serviette.

Dessinez le contour de chaque plante sur la serviette en coton à l'aide du crayon qui s'estompe.

Appliquez le vernis-colle spécial tissu sur toute la surface du dessin.

Posez le motif choisi et lissez-le soigneusement. Appliquez sur le motif du vernis-colle spécial tissu en dépassant légèrement sur la serviette.

Procédez ainsi pour chaque motif.

Laissez sécher.

Réglez votre fer à repasser sur « coton ».

Repassez chaque motif afin de le fixer dans le tissu en protégeant votre fer avec une feuille de papier sulfurisé.

Conseil

Lavez la serviette à la main avec une lessive pour textile délicat. Ne lavez jamais à plus de 30 °C.

Plantes médicinales

BROSSE
motifs plantes médicinales

Fournitures

- **Brosse**
- **Serviette à motifs plantes médicinales**
- **Pot de vernis-colle**
- **Un pinceau souple, un pinceau n° 4**
- **Peinture acrylique blanche**
- **Peinture acrylique couleur tilleul**
- **Vernis à bois**
- **Pinceau à vernis**

Réalisation

Passez une couche de peinture acrylique blanche sur le dos de la brosse. Laissez sécher.

Déchirez les motifs un à un délicatement.

Séparez très soigneusement la couche supérieure de la serviette en papier. Déposez les motifs à l'emplacement désiré.

Appliquez, sur tout le pourtour de la brosse, une fine couche de vernis-colle du centre vers les bords extérieurs.

Laissez sécher.

Ajoutez un fin liseré dessiné avec le pinceau n° 4 chargé de peinture acrylique couleur tilleul. Laissez sécher.

Passez deux ou trois couches de vernis à bois. Laissez sécher.

Basilicum
Thymus
Rosmarinus
Salvia
Laurus Nobilis
Allium
Borago

PORTE-COUVERTS
motifs plantes médicinales

Fournitures

- **Porte-couverts en sapin**
- **Serviette à motifs plantes médicinales**
- **Pot de vernis-colle**
- **Pinceau souple**
- **Vernis à bois**
- **Pinceau à vernis**

Réalisation

Déchirez les motifs délicatement en laissant peu de marge.

Séparez les motifs des différentes épaisseurs de la serviette. Appliquez un peu de vernis-colle au centre du motif.

Étalez-le régulièrement vers les bords extérieurs.

Lissez au doigt.

Laissez sécher.

Passez deux ou trois couches de vernis à bois.

ARDOISE
motifs fleurs médicinales

Fournitures

- **Ardoise**
- **Serviette à motifs fleurs médicinales**
- **Pot de vernis-colle**
- **Pinceau souple**
- **Peinture acrylique blanche**
- **Peinture acrylique beige**

Réalisation

Passez en sous-couche de la peinture acrylique blanche sur tout le pourtour de l'ardoise. Laissez sécher.

À l'aide d'une brosse à peine humidifiée, étendre par touches irrégulières un peu de peinture acrylique beige. Laissez sécher.

Déchirez les motifs délicatement. Détachez-les des différentes pellicules.

Appliquez chacun des motifs un à un sur le cadre en bois.

Collez-les avec le vernis-colle en faisant bien attention à ne pas former de pli ni de bulle d'air

Lissez au doigt.

Repassez une couche de vernis-colle. Laissez sécher.

CARTES D'INVITATION
motifs plantes médicinales

Voir chapitre « Automne », réalisation des cartes, p. 13.

Fruits et légumes

CORBEILLE EN PEUPLIER
motifs citrouille et feuilles

Fournitures

- **Corbeille en peuplier**
- **Serviette à motifs citrouille et feuilles**
- **Pot de vernis-colle**
- **Pinceau souple**
- **Paire de ciseaux**

Réalisation

Découpez très soigneusement le motif de la citrouille et des feuilles.

Séparez le motif des différentes épaisseurs de la serviette.

Posez chaque motif et appliquez le vernis-colle du centre du motif vers les bords extérieurs. Laissez sécher.

Lissez au doigt pour enlever tout pli ou toute formation de bulle d'air.

Repassez une seconde couche de vernis-colle. Laissez sécher.

CORBEILLE EN PEUPLIER
motifs légumes

Fournitures

- **Corbeille en peuplier**
- **Serviette à motifs légumes**
- **Pot de vernis-colle**
- **Paire de ciseaux**
- **Peinture acrylique verte**
- **Pinceau souple**

Réalisation

Passez en sous-couche de la peinture verte largement diluée sur tout le fond de la corbeille.

Laissez sécher.

Découpez tous les motifs de légumes.

Détachez les motifs des différentes épaisseurs de la serviette.

Posez un motif et appliquez le vernis-colle du centre du légume vers les bords extérieurs. Laissez sécher.

Appliquez ainsi tous les légumes en les espaçant régulièrement sur tout le pourtour de la corbeille.

Passez une seconde couche de vernis-colle.

Au besoin, lissez au doigt. Laissez sécher.

CORBEILLE EN PEUPLIER
motifs tournesols

Fournitures

- **Corbeille en peuplier**
- **Serviette à motifs tournesols**
- **Pot de vernis-colle**
- **Paire de ciseaux**
- **Pot de peinture acrylique jaune d'or**
- **Pinceau souple**

Réalisation

Recouvrez tout le bord extérieur de la corbeille de peinture acrylique largement diluée, afin d'obtenir un fond lazuré.

Laissez sécher.

Découpez soigneusement les tournesols.

Appliquez les motifs sur la corbeille.

Collez-les à l'aide du vernis-colle en partant du centre de chaque motif vers les bords extérieurs.

Lissez au doigt.

Repassez une seconde couche de vernis-colle. Laissez sécher.

POT DE CONFITURE
motifs abricots

Fournitures

- **Pot en verre et son couvercle en liège**
- **Serviette à motifs abricots**
- **Paire de ciseaux**
- **Pot de vernis-colle**
- **Pinceau souple**

Réalisation

Découpez très soigneusement dans la serviette les abricots sur leurs branches, sans déchirer les feuilles.

Appliquez le motif sur le pot en verre.

Collez-le délicatement avec le vernis-

colle. Le motif étant très fragile, étalez doucement le vernis-colle sur chaque fruit, chaque feuille et sur les tiges.

Laissez sécher.

Passez une seconde couche de vernis-colle sur le motif découpé en évitant de l'étendre sur le verre. Au besoin, nettoyez immédiatement le verre à l'aide d'un coton tige afin de retirer toute marque du vernis-colle. Procédez ainsi pour le couvercle en liège.

POT DE CONFITURE
motifs fruits exotiques

Fournitures

- **Pot en verre avec son couvercle en liège**
- **Serviette à motifs fruits exotiques**
- **Pot de vernis-colle**
- **Paire de ciseaux**
- **Pinceau souple**

Réalisation

Découpez très soigneusement les différents fruits au plus près de leurs contours.

Retirez les différentes pellicules de la serviette.

Posez un fruit sur le verre.

Appliquez un peu de vernis-colle avec le pinceau du centre du motif vers les bords extérieurs.

Lissez au doigt afin de retirer les petits plis qui se seraient formés.

Passez une seconde couche de vernis-colle en prenant garde à ne pas dépasser sur le verre. Au besoin, nettoyez immédiatement à l'aide d'un coton-tige afin de retirer toute trace de vernis-colle.

Laissez sécher.

COQUETIER
motifs marguerites et papillons

Fournitures
- **Coquetier**
- **Serviette bordée de marguerites et papillons**
- **Pot de vernis-colle**
- **Paire de ciseaux**
- **Pinceau souple**
- **Peinture acrylique verte**
- **Peinture acrylique blanche**
- **Pot à vernis et pinceau n° 4**

Réalisation
Passez une sous-couche de peinture acrylique blanche sur tout le coquetier. Laissez sécher. Découpez délicatement la bordure de marguerites.

Appliquez-la sur le coquetier.

Collez le motif à l'aide du vernis-colle du centre de la bordure vers les bords extérieurs.

Décorez ainsi tout le pourtour du coquetier. Laissez sécher.

Avec le pinceau fin n° 4 chargé de peinture verte, masquez la bordure avec le haut du coquetier.

Terminez en soulignant le pied du coquetier d'un liseré vert. Laissez sécher.

Passez deux ou trois couches de vernis acrylique.

ROND DE SERVIETTE
motifs marguerites et papillons

Fournitures
- **Rond de serviette**
- **Serviette bordée de marguerites et papillons**
- **Pot de vernis-colle**
- **Peinture acrylique verte et blanche**
- **Paire de ciseaux**
- **Pinceau souple**
- **Pot à vernis et pinceau n° 4**

Réalisation
Passez en sous-couche de la peinture blanche sur tout le pourtour du rond de serviette. Laissez sécher.

Découpez délicatement la bordure de marguerites.

Appliquez-la.

Collez-la à l'aide du vernis-colle du centre vers les bords extérieurs sans étirer le motif. Laissez sécher.

DESSOUS-DE-VERRE
motifs légumes

Fournitures

- **Paquet de dessous-de-verre cartonnés**
- **Serviette à motifs légumes**
- **Paire de ciseaux**
- **Pot de vernis-colle**
- **Pinceau souple**
- **Pot de vernis à gouache et pinceau à vernis**

Réalisation

Découpez soigneusement le motif choisi.

Détachez la couche supérieure imprimée de la serviette.

Posez le motif sur le dessous-de-verre.

Appliquez le vernis-colle au pinceau souple, du centre du motif vers les bords extérieurs. Lissez au doigt.

Repassez une seconde couche de vernis-colle. Laissez sécher.

Passez deux ou trois couches de vernis à gouache afin de bien protéger les dessous de verres de l'humidité.

PORTE-COUVERTS
motifs feuilles et oranges

Fournitures

- **Porte-couverts en bambou**
- **Serviette motifs oranges et feuilles**
- **Paire de ciseaux**
- **Pot de vernis-colle**
- **Pinceau souple**

Réalisation

Découpez soigneusement les oranges et les feuilles le plus près de leur bord.

Séparez la pellicule imprimée des autres couches formant la serviette.

Posez une orange sur le porte-couverts en bambou.

Appliquez un peu de vernis-colle à l'aide du pinceau souple du centre de l'orange vers les bords extérieurs et sur les feuilles.

Décorez ainsi tout le pourtour du porte-couverts. Laissez sécher.

Appliquez une seconde couche de vernis-colle sur tous les motifs. Laissez sécher.

Conseil

Vous pouvez passer deux ou trois couches de vernis à bois pour protéger le porte-couverts de l'humidité et de la poussière de la cuisine.

Vous pourrez ainsi le nettoyer à l'aide d'une éponge humide et le sécher immédiatement.

DESSOUS-DE-VERRE
motifs tournesols

Voir chapitre « Mer », réalisation des dessous-de-verres, p. 21.

BOUCHON DE BOCAL
motifs fruits

Fournitures

- **Bouchon de bocal en liège**
- **Serviette à motifs abricots**
- **Pot de vernis-colle**
- **Pinceau souple**

Réalisation

Découpez les abricots sans déchirer les feuilles. Appliquez le motif sur le bouchon et étalez doucement avec du vernis-colle sur le motif découpé.

Laissez sécher.

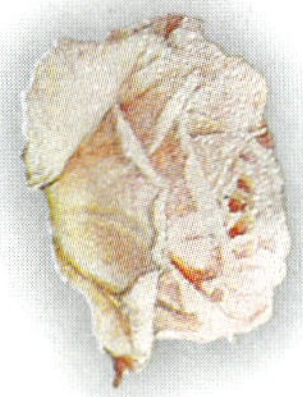

Romantique

MIROIR

motifs fée des roses

Fournitures

- **Miroir**
- **Serviette à motifs fée des roses**
- **Pot de vernis-colle**
- **Pot de vernis à craquelures**
- **Paire de ciseaux**
- **Pinceau souple**
- **Peinture acrylique blanche et rose**

Réalisation

Passez une couche de peinture acrylique blanche sur toute la surface du cadre.

Laissez sécher.

Étendez une couche de vernis à craquelures.

Laissez sécher 20 minutes.

Passez une couche de peinture acrylique rose en peignant toujours dans le même sens.

Ne revenez pas en arrière, la formation des craquelures étant rapide, vous abîmeriez votre travail.

Laissez sécher.

Découpez délicatement le motif de la fée et de plusieurs roses, quelques petites feuilles et boutons de roses.

Posez les motifs sur deux côtés du cadre et appliquez le vernis-colle du centre de chaque motif vers les bords extérieurs.

Bordez le miroir en alternant une petite feuille et un petit bouton de rose.

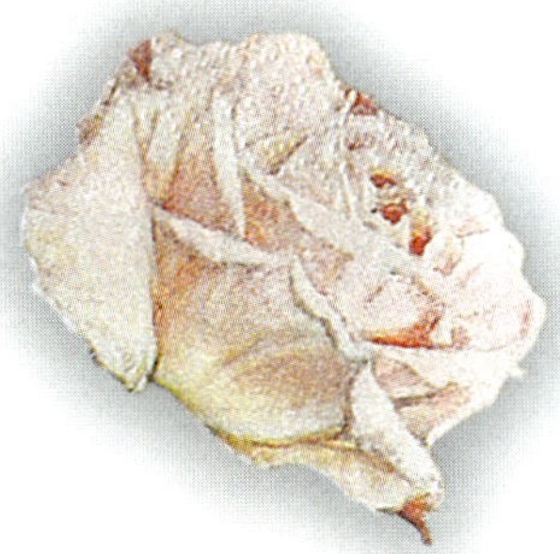

BOÎTE OVALE
motifs fée des roses

Fournitures

- **Boîte ovale**
- **Serviette à motifs fée des roses**
- **Pot de vernis-colle**
- **Paire de ciseaux**
- **Peinture acrylique blanche et rose**
- **Pinceau souple**
- **Pot de vernis à craquelures**

Réalisation

Passez une couche de peinture acrylique blanche sur toute la surface de la boîte.

Laissez sécher.

Passez une couche de vernis à craquelures.

Laissez sécher 20 minutes.

Passez une couche de peinture acrylique rose.

Les craquelures vont se former très rapidement lors du séchage.

Laissez sécher.

Découpez délicatement la fée, la rose et ses feuilles. Posez le motif sur le couvercle de la boîte.

Appliquez le vernis-colle au centre du motif et étendez-le doucement vers les bords extérieurs afin de ne pas déchirer les motifs.

Lissez doucement au doigt afin de retirer les plis ou les bulles d'air. Appliquez une seconde couche de vernis-colle sur tout le couvercle.

Conseil

Appliquez la peinture et le vernis uniquement à l'extérieur de la boîte et de son couvercle. Si vous traitez l'intérieur vous aurez des difficultés à l'ouvrir et à la fermer.

CARNET À DESSINS MAUVE

motifs bouquet de violettes et pensées

Fournitures

- **Petit carnet à dessins**
- **Serviette à motifs bouquet de violettes et pensées**
- **Pot de vernis-colle**
- **Paire de ciseaux**
- **Pinceau souple**
- **Peinture acrylique blanche**
- **Brosse**

Réalisation

Avec la brosse chargée de peinture blanche, travaillez le fond sur lequel les motifs seront collés afin qu'ils ressortent bien sur la couverture du carnet. Sans cela, ils paraîtront plus ternes. Laissez sécher.

Découpez soigneusement le motif du bouquet de violettes.

Découpez les pensées délicatement avec leur tige.

Séparez la pellicule imprimée des autres sans déchirer les tiges des fleurs. Posez le bouquet au milieu du carnet.

Appliquez un peu de vernis-colle du centre du bouquet vers les bords extérieurs. Posez une pensée sur le fond peint à l'acrylique.

Collez-la à l'aide du vernis-colle.

Posez la seconde pensée sur son fond peint à l'acrylique.

Collez-la à l'aide du pinceau souple chargé de vernis-colle.

Laissez sécher.

Appliquez une seconde couche de vernis-colle.

Laissez sécher.

PLUMIER
motifs fée des roses

Fournitures

- **Plumier en carton**
- **Serviette à motifs fée des roses**
- **Serviette à motifs vieux rose sur écriture**
- **Peinture acrylique blanche et rose**
- **Pot de vernis à craquelures**
- **Paire de ciseaux**
- **Pot de vernis-colle**
- **Pinceau souple**
- **Pot de vernis à gouache**
- **Pinceau à vernis**

Réalisation

Passez en sous-couche de la peinture acrylique blanche sur tout l'intérieur et l'extérieur du plumier.

Laissez sécher.

Passez le vernis à craquelures uniquement sur le couvercle. Laissez sécher.

Passez une couche de peinture acrylique rose.

Les craquelures vont apparaître très rapidement. Laissez sécher.

Découpez très soigneusement aux ciseaux le motif de la petite fée.

Posez le motif sur le couvercle du plumier.

Appliquez le vernis-colle du centre du motif vers les bords extérieurs.

Ajoutez une autre rose et quelques feuilles. Laissez sécher.

Appliquez largement une seconde couche de vernis-colle sur tout le couvercle du plumier. Laissez sécher.

Déchirez de nombreux petits morceaux de papier à motifs d'écriture. Appliquez-les à l'intérieur du plumier à l'aide du vernis-colle, les morceaux doivent à peine se superposer.

Laissez sécher.

BOUGIE
motifs bouquet de violettes

Fournitures

- **Bougie cylindrique**
- **Serviette à motifs bouquet de violettes**
- **Paire de ciseaux**
- **Pot de vernis-colle**
- **Pinceau souple**
- **Pot de neige structurée**

Réalisation

Découpez soigneusement le motif choisi.

Séparez-le des différentes couches formant la serviette. Posez-le sur la bougie.

À l'aide du pinceau, étendez un peu de vernis-colle du centre du motif vers les bords extérieurs.

Laissez sécher.

Passez une seconde couche de vernis-colle. Laissez sécher.

BOÎTE CŒUR
motifs bouquet de violettes et pensées

Fournitures

- **Boîte cartonnée en forme de cœur**
- **Serviette à motifs bouquet de violettes et pensées**
- **Pot de vernis-colle**
- **Pot de colle pailletée dorée**
- **Pinceau souple**
- **Peinture acrylique blanche et mauve**
- **Pot de vernis à craquelures**

Réalisation

Passez une sous-couche de peinture acrylique blanche sur toute la boîte. Laissez sécher.

Étendez une couche de vernis à craquelures et laissez sécher 20 minutes.

Passez une couche de peinture acrylique mauve. Laissez sécher.

Déchirez le motif du bouquet de violettes délicatement en laissant une petite bordure tout autour du motif. Posez-le au centre du couvercle.

Appliquez un peu de vernis-colle au centre du motif et étendez-le vers les bords extérieurs.

Laissez sécher.

Décorez tout le pourtour de la boîte par des pensées espacées régulièrement. Laissez sécher.

Vous pourrez dessiner le pourtour de chaque motif avec de la colle pailletée dorée et un pinceau souple. Laissez sécher.

CARTES D'INVITATION
motifs : fée des roses

Voir chapitre « Automne », réalisation des cartes, p. 13.

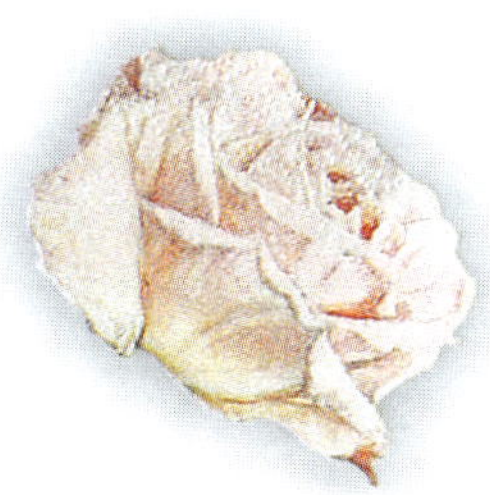

Été

SET DE TABLE
motifs papillons

Fournitures
- **Set de table en paille**
- **Serviette à motifs papillons**
- **Paire de ciseaux**
- **Pot de vernis-colle**
- **Pinceau souple**

Réalisation
Découpez soigneusement les papillons dans toute l'épaisseur de la serviette.

Détachez-les délicatement des différentes épaisseurs de la serviette.

Posez un papillon sur le set.

Appliquez un peu de vernis-colle au centre du papillon ; étalez-le vers les bords des ailes en dépassant légèrement sur la paille.

Décorez ainsi tout le set de table. Laissez sécher.

Repassez une seconde couche de vernis-colle sur l'ensemble des papillons. Laissez sécher.

CARNET À DESSINS
motifs papillons

Fournitures
- **Petit carnet à dessins**
- **Serviette à motifs papillons**
- **Paire de ciseaux**
- **Pot de vernis-colle**
- **Pinceau souple**
- **Papier canson**

Réalisation
Découpez très soigneusement plusieurs papillons dans toutes les épaisseurs de la serviette.

Séparez délicatement la pellicule imprimée des autres.

Posez les deux papillons qui sont d'un seul tenant sur la couverture en plastique.

Appliquez un peu de vernis-colle au centre des deux ailes, puis étendez-le vers les bords extérieurs des deux papillons régulièrement sans étirer les motifs. Laissez sécher.

Passez une seconde couche de vernis-colle. Décorez la couverture en papier canson. Laissez sécher.

Conseil
Si la couverture a tendance à « gondoler » légèrement, vous pouvez une fois les motifs bien secs, repasser la couverture cartonnée à fer chaud sur l'envers ; refermez vite le carnet et placez-le sous un gros livre. La couverture restera bien plane.

BOÎTE HEXAGONALE
motifs papillons

Fournitures

- **Petite boîte cartonnée hexagonale**
- **Serviette à motifs papillons**
- **Serviette à motifs petites pensées**
- **Paire de ciseaux**
- **Pot de vernis-colle**
- **Peinture acrylique blanche et jaune citron**
- **Pinceau souple**
- **Pot de vernis à gouache et pinceau à vernis**
- **Éponge**

Réalisation

Passez une sous-couche de peinture acrylique blanche sur toute la boîte. Laissez sécher.

Tamponnez irrégulièrement le couvercle (uniquement le couvercle) avec l'éponge chargée de peinture jaune citron.

Laissez sécher.

Découpez soigneusement les motifs de papillons. Le gros se placera au centre du couvercle, les petits seront appliqués et collés sur le pourtour de la boîte.

Découpez soigneusement quatre petites pensées. Posez-les sur le couvercle.

Collez-les à l'aide du vernis-colle. Laissez sécher.

Passez une seconde couche de vernis-colle sur toute la boîte. Laissez sécher.

Vous pourrez passer deux couches de vernis à gouache.

Conseil

Ne pas appliquer de la peinture acrylique ou du vernis à l'intérieur du couvercle des boîtes, vous auriez des difficultés à les ouvrir et les refermer.

BOÎTE OCTOGONALE
motifs trèfle, cœurs et coccinelles

Fournitures

- **Boîte octogonale cartonnée**
- **Serviette à motifs trèfle, cœurs et coccinelles**
- **Paire de ciseaux**
- **Pot de vernis-colle**
- **Peinture acrylique blanche et verte**
- **Pinceau souple**
- **Pot de vernis à gouache et pinceau**

Réalisation

Passez une sous-couche de peinture acrylique blanche. Laissez sécher.

Tamponnez la boîte et son couvercle à l'aide de l'éponge chargée de peinture verte. Laissez sécher.

Découpez soigneusement le trèfle et les coccinelles.

Enlevez délicatement la couche supérieure de la serviette en papier.

Posez le trèfle au milieu du couvercle.

Appliquez le vernis-colle du centre du motif vers les bords extérieurs.

Posez et appliquez les trois coccinelles sur le couvercle. Laissez sécher.

Découpez les cœurs en laissant quelques millimètres de bordure verte.

Retirez délicatement la couche supérieure de la serviette en papier.

Appliquez au pinceau le vernis-colle du centre de chaque cœur vers les bords extérieurs.

Lissez au doigt. Laissez sécher.

Vous pouvez passer deux ou trois couches de vernis à gouache sur toute la boîte.

RANGE-MAGAZINES
motifs fleurs multicolores

Fournitures

- **Range-magazines en carton blanc**
- **Serviette à motifs fleurs multicolores**
- **Paire de ciseaux**
- **Pot de vernis-colle**
- **Pinceau souple**

Réalisation

Découpez soigneusement les différentes fleurs.

Enlevez très délicatement la couche supérieure imprimée.

Posez le motif sur le support cartonné.

Appliquez une fine couche de vernis-colle du centre du motif vers les bords extérieurs. Laissez sécher.

DESSOUS-DE-VERRE
motifs roses et soucis

Fournitures

- **Paquet de dessous-de-verre cartonnés**
- **Serviette à motifs de roses et soucis**
- **Paire de ciseaux**
- **Pot de vernis-colle**
- **Pinceau souple**
- **Pot de vernis à gouache**
- **Pinceau à vernis**

Réalisation

Découpez soigneusement le motif choisi.

Détachez la couche supérieure imprimée de la serviette.

Posez le motif sur le dessous-de-verre.

Appliquez le vernis-colle au pinceau souple, du centre du motif vers les bords extérieurs. Lissez au doigt.

Repassez une seconde couche de vernis-colle. Laissez sécher.

Passez deux ou trois couches de vernis à gouache afin de bien protéger les dessous-de-verre de l'humidité.

CACHE-POT EN PEUPLIER
motif grenouille

Fournitures

- **Cache-pot en peuplier**
- **Serviette à motifs grenouille**
- **Pot de vernis-colle**

- **Paire de ciseaux**
- **Peinture acrylique blanche et bleue**
- **Pot de vernis à bois**
- **Pinceau à vernis**
- **Éponge**

Réalisation

Tamponnez le cache-pot avec l'éponge chargée de peinture acrylique blanche.

Laissez sécher.

Tamponnez à nouveau avec l'éponge chargée de peinture bleu clair. Laissez sécher.

Découpez soigneusement le motif de la grenouille.

Séparez la pellicule imprimée des autres couches formant la serviette.

Posez le motif sur le cache-pot.

Appliquez un peu de vernis-colle au centre du motif de la grenouille puis étalez le vernis-colle vers les bords extérieurs sans abîmer ni déchirer les herbes et les roseaux.

Laissez sécher.

Passez une seconde couche de vernis-colle.

Laissez sécher.

Vous pouvez appliquer deux ou trois couches de vernis à bois afin de bien protéger le cache-pot de l'humidité.

Papillons

RANGE-MAGAZINES
motifs grandes fleurs violines

Fournitures
- **Range-magazines cartonné blanc**
- **Serviette à motif arum violet**
- **Serviette à motif liseron violet**
- **Serviette à motifs papillons**
- **Paire de ciseaux**
- **Pot de vernis-colle**
- **Pinceau souple**

Réalisation
Découpez soigneusement le motif choisi.

Enlevez délicatement la couche imprimée de la serviette en papier. Posez le motif sur le support cartonné.

Appliquez au pinceau souple un peu de vernis-colle du centre du motif vers les bords extérieurs.

Il s'agit là de motifs importants, faites donc très attention à éviter la formation de plis ou de bulles d'air.

Lissez au doigt chaque fleur. Laissez sécher.

SAC DE PAILLE FUCHSIA
motifs papillons

Fournitures
- **Sac en paille**
- **Serviette à motifs de papillons**
- **Paire de ciseaux**
- **Pot de vernis-colle**

Réalisation
Découpez soigneusement les motifs des papillons. Retirez délicatement la pellicule imprimée des autres couches de la serviette.

Posez le motif sur le bas du sac.

Appliquez à l'aide du pinceau souple un peu de vernis-colle au centre de chaque papillon puis étalez-le vers les bords des ailes en dépassant légèrement sur la paille.

Lissez au doigt. Laissez sécher.

Passez une seconde couche de vernis-colle sur tous les papillons. Laissez sécher.

DESSOUS-DE-VERRE
motifs papillons

Voir chapitre « Fruits et légumes », réalisation des dessous-de-verre, p. 36.

Pâques

CADRE
motifs poules et coq

Fournitures
- **Cadre**
- **Serviette à motifs poule et coq**
- **Pot de vernis-colle**
- **Peinture acrylique jaune et blanche**
- **Pot de vernis à craquelures**
- **Pinceau souple**
- **Un peu de grillage fin**
- **Un peu de paille**

Réalisation
Séparez le fond de son cadre.

Détachez le motif des différentes épaisseurs de la serviette en ne gardant que la pellicule supérieure.

Posez la pellicule imprimée sur le fond cartonné.

Appliquez le vernis-colle du centre du motif vers les bords extérieurs, en évitant toute formation de bulle ou de pli. Lissez avec le doigt.

Repassez une seconde couche de vernis-colle. Laissez sécher.

Passez une couche de peinture acrylique jaune sur le pourtour du cadre. Laissez sécher.

Passez le vernis à craquelures puis laissez sécher 20 minutes.

Appliquez une couche de peinture acrylique blanche. Laissez sécher, les craquelures vont se former très rapidement.

Repositionnez le fond décoré des poules et du coq dans son cadre. Disposez un peu de paille sous le perchoir. Placez le grillage sur le motif.

Retournez le cadre afin de replacer les fixations.

JARDINIÈRE À DEUX BACS
motifs de Pâques

Fournitures

- **Jardinière en bois blanc**
- **Serviette à motifs lapins de Pâques, marguerites, touffes d'herbe...**
- **Serviette à motifs crocus, muscaris**
- **Pot de peinture acrylique jaune**
- **Pot de vernis-colle**
- **Paire de ciseaux**
- **Pinceau souple**
- **Pot de vernis à bois**
- **Pinceau à vernis**

Réalisation

Passez deux couches de peinture acrylique jaune à l'intérieur et à l'extérieur de la jardinière. Laissez sécher.

Découpez délicatement les motifs des lapins, des crocus, des muscaris, des papillons, de la sauterelle.

Déchirez quelques touffes d'herbe. Appliquez les quatre lapins à l'aide du vernis-colle. Lissez au doigt.

Collez les fleurs une à une ; travaillez très soigneusement pour les herbes et les muscaris dont les tiges sont très fines et fragiles. Terminez par les papillons et la sauterelle. Ajoutez quelques touffes d'herbe déchirées. Laissez sécher.

Passez une seconde couche de vernis-colle. Laissez sécher.

DESSOUS-DE-VERRE
motifs poussins

Fournitures

- **Paquet de dessous-de-verre cartonnés**
- **Serviette à motifs de poussins**
- **Paire de ciseaux**
- **Pot de vernis-colle**
- **Pinceau souple**
- **Pot de vernis à gouache et pinceau à vernis.**

Réalisation

Voir chapitre « Mer », réalisation des dessous-de-verre, p. 21

ŒUFS DE PÂQUES

motifs poule et coq, motifs papillons, motifs de Pâques

Fournitures

- **Œufs en polystyrène de différentes tailles**
- **Papier de soie jaune, rose, blanc**
- **Serviette à motifs papillons**
- **Serviette à motifs poule et coq**
- **Serviette à petits motifs de Pâques**
- **Pot de vernis-colle**
- **Pinceau souple**
- **Paire de ciseaux.**

Réalisation

Découpez de nombreux petits morceaux de papier de soie jaune, rose, blanc.

Collez-les un à un sur toute la surface de l'œuf. Laissez sécher.

Découpez les papillons au plus près de leurs contours.

Détachez la couche supérieure de la serviette.

Posez le papillon sur l'œuf recouvert entièrement de papier de soie.

Appliquez le vernis-colle au centre du papillon.

Étendez délicatement le vernis-colle vers les bords extérieurs des ailes. Décorez ainsi tout l'œuf.

Lissez au doigt.

Repassez une seconde couche de vernis-colle sur toute la surface de l'œuf. Laissez sécher.

Noël

POT ROUGE
motifs sapins

Fournitures
- **Pot rouge**
- **Serviette à motifs sapins**
- **Pot de vernis-colle**
- **Paire de ciseaux**

Réalisation
Découpez soigneusement les quatre sapins de Noël le plus près de leurs contours.

Détachez les motifs des différentes pellicules de la serviette. Posez un sapin au centre d'une des faces du pot.

Avec le pinceau, appliquez un peu de vernis-colle du centre du motif vers les bords extérieurs. Décorez ainsi les quatre côtés du pot. Laissez sécher.

POT ROUGE
motifs frise de cadeaux de Noël

Fournitures
- **Pot rouge**
- **Serviette à motifs petits cadeaux de Noël en frise**
- **Pot de vernis-colle**
- **Paire de ciseaux**

Réalisation
Découpez très soigneusement les petits cadeaux de Noël suspendus à la corde.

Retirez les motifs découpés des différentes pellicules formant la serviette.

Découpez également dans la bande de la serviette un morceau de la frise à petits carreaux.

Posez le début de la frise sur une face du pot.

Collez la frise à petits carreaux sur tout le haut du pourtour.

Lissez au doigt.

Posez le début de la frise de cadeaux au bas de la frise à petits carreaux.

Appliquez un peu de vernis-colle sur le premier petit cadeau, collez la frise puis un autre petit cadeau ; collez ainsi tout le motif sur le haut du pourtour du pot. Lissez au doigt.

Passez une seconde couche de vernis-colle sur les deux frises. Laissez sécher.

CARTES D'INVITATION
motifs bonhomme de neige

Voir chapitre « Automne », réalisation des cartes, p. 13.

BOULE RONDE ET GOUTTE
motifs lapins sous la neige, bonhomme de neige

Fournitures
- **Boule ronde et goutte séparable en plastique**
- **Serviette motifs lapins sous la neige**
- **Serviette bonhomme de neige**
- **Pot de vernis-colle**
- **Pinceau souple**
- **Pot de peinture acrylique blanche**
- **Paire de ciseaux.**

Réalisation
Ouvrez la boule.

Découpez soigneusement les contours du motif choisi dans la serviette en papier.

Séparez la pellicule imprimée des autres.

Posez le motif au centre de la moitié de la boule.

Appliquez un peu de vernis-colle en l'étendant du centre vers les bords extérieurs. Lissez avec le doigt.

Laissez sécher.

Passez une seconde couche de vernis-colle. Laissez sécher.

Vous pouvez recouvrir tout l'intérieur de la boule de peinture acrylique blanche. Laissez sécher.

BOUGIES RONDES

motifs village sous la neige, serviette Noël, chalet, cadeaux, lapins, bonhomme de neige

Fournitures

- **Bougies rondes**
- **Serviettes motifs village sous la neige, serviette Noël, chalet, cadeaux, lapins, bonhomme de neige**
- **Paire de ciseaux**
- **Pot de vernis-colle**
- **Pinceau souple**
- **Pot de neige structurée**

Réalisation

Découpez soigneusement le motif choisi.

Séparez-le des différentes couches formant la serviette.

Posez-le sur la bougie.

Avec le pinceau, étendez un peu de vernis-colle du centre du motif vers les bords extérieurs.

Laissez sécher.

Passez une seconde couche de vernis-colle. Laissez sécher.

Vous pourrez ajouter au pinceau de la neige structurée sur les bougies de Noël se prêtant bien au décor d'hiver. Laissez durcir.

Lapins

PETITE VALISE

motifs lapins et souris en promenade

Voici une bien jolie façon de rafraîchir une petite valise d'enfant oubliée dans la cave ou le grenier.

Fournitures

- **Petite valise cartonnée**
- **Serviette à motifs lapins bord de mer**
- **Serviette à motifs lapins en promenade**
- **Pot de vernis-colle**
- **Pinceau souple**
- **Peinture acrylique blanche et bleue**
- **Éponge**

Réalisation

Passez en sous-couche de la peinture acrylique blanche sur toute la valise à l'intérieur et à l'extérieur.

Laissez sécher.

Passez une seconde couche à l'extérieur de la valise.

Tamponnez à l'éponge chargée de peinture acrylique bleue l'intérieur. Laissez sécher.

Déchirez les motifs des lapins et souris dans toute l'épaisseur de la serviette tout autour du motif.

Enlevez très soigneusement la pellicule imprimée. Posez le motif sur le couvercle.

Appliquez une fine couche de vernis-colle du centre du motif vers les bords extérieurs en faisant bien attention à ne pas former de plis ou de de bulles d'air.

Lissez au doigt.

Décorez ainsi toute la petite valise en procédant de la même manière et en laissant un intervalle entre les motifs.

Laissez sécher. Passez une seconde couche de vernis-colle.

Pedro

BOÎTE OVALE
motifs lapins et souris

Fournitures

- **Boîte ovale**
- **Serviette à motifs lapins et souris**
- **Pot de vernis-colle**
- **Pot de vernis à craquelures**
- **Paire de ciseaux**
- **Pinceau souple**

Réalisation

Passez une couche de peinture acrylique beige sur toute la surface de la boîte et sur son couvercle. Laissez sécher.

Passez une couche de vernis à craquelures sur le couvercle uniquement. Laissez sécher 20 minutes.

Passez une couche de peinture acrylique blanche.

Laissez les craquelures se former et le vernis se rétracter au fur et à mesure du temps de séchage.

Découpez le plus gros des motifs pour le couvercle et séparez les différentes épaisseurs de la serviette.

Déchirez les plus petits motifs pour le pourtour de la boîte, séparez les différentes épaisseurs de la serviette. Posez le motif sur le couvercle.

À l'aide du pinceau, appliquez un peu de vernis-colle au centre du motif et étalez-le doucement vers les bords extérieurs en prenant garde à ne pas déformer le motif ni à le déchirer.

Appliquez les motifs sur le pourtour de la boîte, collez-les en les espaçant régulièrement.

Laissez sécher.

CARTES
motifs lapin

Voir chapitre « Automne », réalisation des cartes, p. 13.

TABLEAUTIN OVALE
motifs lapins

Fournitures

- **Petit tableau ovale en bois**
- **Serviette à motifs lapins**
- **Pot de vernis-colle**
- **Pinceau souple**
- **Paire de ciseaux**

Réalisation

Découpez les motifs. Détachez-les des différentes épaisseurs de la serviette.

Appliquez le vernis-colle du centre de chaque motif vers les bords extérieurs.

Laissez sécher. Passez une seconde couche de vernis-colle. Laissez sécher.